TRANZLATY

La Langue est pour tout le Monde

Мова для всіх

La Belle et la Bête

Красуня і чудовисько

Gabrielle-Suzanne Barbot de Villeneuve

Français / Українська

Copyright © 2025 Tranzlaty
All rights reserved
Published by Tranzlaty
ISBN: 978-1-80572-066-9
Original text by Gabrielle-Suzanne Barbot de Villeneuve
La Belle et la Bête
First published in French in 1740
Taken from The Blue Fairy Book (Andrew Lang)
Illustration by Walter Crane
www.tranzlaty.com

Il était une fois un riche marchand
Був колись один багатий купець
ce riche marchand avait six enfants
у цього багатого купця було шестеро дітей
il avait trois fils et trois filles
у нього було три сини і три дочки
il n'a épargné aucun coût pour leur éducation
він не шкодував коштів для їхньої освіти
parce qu'il était un homme sensé
бо він був розумною людиною
mais il a donné à ses enfants de nombreux serviteurs
але він дав своїм дітям багато слуг
ses filles étaient extrêmement jolies
його дочки були надзвичайно гарні
et sa plus jeune fille était particulièrement jolie
а його молодша дочка була особливо гарна
Déjà enfant, sa beauté était admirée
у дитинстві її красою вже захоплювалися
et les gens l'appelaient à cause de sa beauté
і люди прозвали її за її красу
sa beauté ne s'est pas estompée avec l'âge
її краса не зникала, коли вона старіла
alors les gens ont continué à l'appeler par sa beauté
тому люди продовжували називати її за її красу
cela a rendu ses sœurs très jalouses
це дуже заздрило її сестрам
les deux filles aînées avaient beaucoup de fierté
дві старші доньки мали велику гордість
leur richesse était la source de leur fierté
їхнє багатство було джерелом їхньої гордості
et ils n'ont pas caché leur fierté non plus
та й гордості не приховували
ils n'ont pas rendu visite aux filles d'autres marchands
до інших купецьких дочок не ходили
parce qu'ils ne rencontrent que l'aristocratie
тому що вони зустрічаються лише з аристократією

ils sortaient tous les jours pour faire la fête
вони щодня ходили на вечірки
bals, pièces de théâtre, concerts, etc.
бали, вистави, концерти тощо
et ils se moquèrent de leur plus jeune sœur
і вони сміялися над своєю молодшою сестрою
parce qu'elle passait la plupart de son temps à lire
тому що більшу частину часу вона проводила за читанням
il était bien connu qu'ils étaient riches
було добре відомо, що вони заможні
alors plusieurs marchands éminents ont demandé leur main
тож кілька відомих купців попросили їхньої руки
mais ils ont dit qu'ils n'allaient pas se marier
але сказали, що одружуватися не збираються
mais ils étaient prêts à faire quelques exceptions
але вони були готові зробити деякі винятки
« Peut-être que je pourrais épouser un duc »
«Можливо, я міг би вийти заміж за герцога»
« Je suppose que je pourrais épouser un comte »
«Здається, я могла б вийти заміж за графа»
Belle a remercié très civilement ceux qui lui ont proposé
Красуня дуже цивілізовано подякувала тим, хто зробив їй пропозицію
elle leur a dit qu'elle était encore trop jeune pour se marier
вона сказала їм, що ще занадто молода, щоб вийти заміж
elle voulait rester quelques années de plus avec son père
вона хотіла залишитися ще кілька років з батьком
Tout d'un coup, le marchand a perdu sa fortune
Раптом купець втратив свій капітал
il a tout perdu sauf une petite maison de campagne
він втратив усе, окрім маленької дачі
et il dit à ses enfants, les larmes aux yeux :
і він сказав своїм дітям зі сльозами на очах:
« il faut aller à la campagne »
"ми повинні їхати в село"
« et nous devons travailler pour gagner notre vie »

"і ми повинні працювати, щоб заробити на життя"
les deux filles aînées ne voulaient pas quitter la ville
дві старші дочки не хотіли їхати з міста
ils avaient plusieurs amants dans la ville
у них було кілька коханців у місті
et ils étaient sûrs que l'un de leurs amants les épouserait
і вони були впевнені, що один із їхніх коханців одружиться з ними
ils pensaient que leurs amants les épouseraient même sans fortune
вони думали, що їхні коханці одружаться з ними навіть без достатку
mais les bonnes dames se sont trompées
але добрі дами помилилися
leurs amants les ont abandonnés très vite
їхні коханці дуже швидко їх покинули
parce qu'ils n'avaient plus de fortune
бо в них уже не було статків
cela a montré qu'ils n'étaient pas vraiment appréciés
це показало, що їх насправді не дуже люблять
tout le monde a dit qu'ils ne méritaient pas d'être plaints
всі казали, що вони не заслуговують на жалість
« Nous sommes heureux de voir leur fierté humiliée »
«Ми раді бачити їхню гордість приниженою»
« Qu'ils soient fiers de traire les vaches »
"нехай пишаються доїнням корів"
mais ils étaient préoccupés par Belle
але вони були стурбовані красою
elle était une créature si douce
вона була таким милим створінням
elle parlait si gentiment aux pauvres
вона так ласкаво розмовляла з бідними людьми
et elle était d'une nature si innocente
і вона була такого невинного характеру
Plusieurs messieurs l'auraient épousée
Кілька панів одружилися б з нею

ils l'auraient épousée même si elle était pauvre
вони б одружилися з нею, хоча вона була бідна
mais elle leur a dit qu'elle ne pouvait pas les épouser
але вона сказала їм, що не може вийти за них заміж
parce qu'elle ne voulait pas quitter son père
тому що вона не залишить свого батька
elle était déterminée à l'accompagner à la campagne
вона вирішила поїхати з ним у сільську місцевість
afin qu'elle puisse le réconforter et l'aider
щоб вона могла його втішити і допомогти
pauvre Belle était très affligée au début
Бідна красуня спочатку дуже засмутилася
elle était attristée par la perte de sa fortune
вона переживала втрату свого стану
"Mais pleurer ne changera pas mon destin"
"але плач не змінить моєї долі"
« Je dois essayer de me rendre heureux sans richesse »
«Я повинен спробувати зробити себе щасливим без багатства»
ils sont venus dans leur maison de campagne
вони приїхали на свою дачу
et le marchand et ses trois fils s'appliquèrent à l'agriculture
і купець із трьома синами зайнявся землеробством
Belle s'est levée à quatre heures du matin
красуня піднялася о четвертій ранку
et elle s'est dépêchée de nettoyer la maison
і вона поспішила прибирати в хаті
et elle s'est assurée que le dîner était prêt
і вона подбала про те, щоб вечеря була готова
au début, elle a trouvé sa nouvelle vie très difficile
на початку їй було дуже важко нове життя
parce qu'elle n'était pas habituée à un tel travail
бо вона не звикла до такої роботи
mais en moins de deux mois elle est devenue plus forte
але менш ніж за два місяці вона зміцніла
et elle était en meilleure santé que jamais auparavant

і вона була здоровішою, ніж будь-коли раніше
après avoir fait son travail, elle a lu
після того, як вона зробила свою роботу, вона прочитала
elle jouait du clavecin
вона грала на клавесині
ou elle chantait en filant de la soie
або вона співала, поки пряла шовк
au contraire, ses deux sœurs ne savaient pas comment passer leur temps
Навпаки, дві її сестри не знали, як проводити час
ils se sont levés à dix heures et n'ont rien fait d'autre que paresser toute la journée
вони вставали о десятій і цілий день нічого не робили, тільки ледарювали
ils ont déploré la perte de leurs beaux vêtements
вони оплакували втрату свого прекрасного одягу
et ils se sont plaints d'avoir perdu leurs connaissances
і вони скаржилися на втрату своїх знайомих
« Regardez notre plus jeune sœur », se dirent-ils.
«Погляньте на нашу молодшу сестру», — казали вони один одному
"Quelle pauvre et stupide créature elle est"
"яка ж вона бідна і дурна істота"
"C'est mesquin de se contenter de si peu"
"підло задовольнятися таким малим"
le gentil marchand était d'un avis tout à fait différent
добрий купець був зовсім іншої думки
il savait très bien que Belle éclipsait ses sœurs
він добре знав, що краса перевершує її сестер
elle les a surpassés en caractère ainsi qu'en esprit
вона перевершила їх як характером, так і розумом
il admirait son humilité et son travail acharné
він захоплювався її скромністю та її працьовитістю
mais il admirait surtout sa patience
але найбільше він захоплювався її терпінням
ses sœurs lui ont laissé tout le travail à faire

її сестри залишили їй всю роботу
et ils l'insultaient à chaque instant
і вони ображали її щохвилини
La famille vivait ainsi depuis environ un an.
Так родина прожила близько року
puis le commerçant a reçu une lettre d'un comptable
потім купець отримав листа від бухгалтера
il avait un investissement dans un navire
він інвестував у корабель
et le navire était arrivé sain et sauf
і корабель благополучно прибув
Cette nouvelle a fait tourner les têtes des deux filles aînées
Його новина сколихнула голови двох старших дочок
ils ont immédiatement eu l'espoir de revenir en ville
у них одразу з'явилася надія повернутися до міста
parce qu'ils étaient assez fatigués de la vie à la campagne
тому що вони були досить втомлені від сільського життя
ils sont allés vers leur père alors qu'il partait
вони пішли до батька, коли він йшов
ils l'ont supplié de leur acheter de nouveaux vêtements
вони благали його купити їм новий одяг
des robes, des rubans et toutes sortes de petites choses
сукні, стрічки і всякі дрібнички
mais Belle n'a rien demandé
але краса нічого не просила
parce qu'elle pensait que l'argent ne serait pas suffisant
тому що вона думала, що грошей буде недостатньо
il n'y aurait pas assez pour acheter tout ce que ses sœurs voulaient
не вистачило б, щоб купити все, що хотіли її сестри
"Que veux-tu, ma belle ?" demanda son père
— Чого б ти хотіла, красуне? запитав її батько
« Merci, père, pour la bonté de penser à moi », dit-elle
«Дякую тобі, батьку, за те, що ти думаєш про мене», — сказала вона
« Père, ayez la gentillesse de m'apporter une rose »

"тату, будь ласкавий принести мені троянду"
"parce qu'aucune rose ne pousse ici dans le jardin"
"тому що тут в саду не ростуть троянди"
"et les roses sont une sorte de rareté"
"а троянди - це якась рідкість"
Belle ne se souciait pas vraiment des roses
Красуня не дуже дбала про троянди
elle a juste demandé quelque chose pour ne pas condamner ses sœurs
вона лише про щось просила, щоб не засуджувати своїх сестер
mais ses sœurs pensaient qu'elle avait demandé des roses pour d'autres raisons
але її сестри думали, що вона просила троянди з інших причин
"Elle l'a fait juste pour avoir l'air particulière"
"вона зробила це, щоб виглядати особливо"
L'homme gentil est parti en voyage
Добрий чоловік вирушив у дорогу
mais quand il est arrivé, ils se sont disputés à propos de la marchandise
але коли він прибув, вони посперечалися про товар
et après beaucoup d'ennuis, il est revenu aussi pauvre qu'avant
і після великої біди він повернувся таким же бідним, як і раніше
il était à quelques heures de sa propre maison
він був за пару годин від свого дому
et il imaginait déjà la joie de revoir ses enfants
і він уже уявляв радість від побачення своїх дітей
mais en traversant la forêt, il s'est perdu
але коли йшов лісом заблукав
il a plu et neigé terriblement
йшов страшенний дощ і сніг
le vent était si fort qu'il l'a fait tomber de son cheval
вітер був такий сильний, що скинув його з коня

et la nuit arrivait rapidement
і швидко наступала ніч
il a commencé à penser qu'il pourrait mourir de faim
він почав думати, що може померти з голоду
et il pensait qu'il pourrait mourir de froid
і він думав, що може замерзнути на смерть
et il pensait que les loups pourraient le manger
і він думав, що вовки можуть його з'їсти
les loups qu'il entendait hurler tout autour de lui
вовки, яких він чув, як виють навколо нього
mais tout à coup il a vu une lumière
але раптом він побачив світло
il a vu la lumière au loin à travers les arbres
він побачив світло здалеку крізь дерева
quand il s'est approché, il a vu que la lumière était un palais
коли він підійшов ближче, то побачив, що світло було палацом
le palais était illuminé de haut en bas
палац був освітлений зверху вниз
le marchand a remercié Dieu pour sa chance
дякував купець Богові за удачу
et il se précipita vers le palais
і він поспішив до палацу
mais il fut surpris de ne voir personne dans le palais
але він був здивований, не побачивши людей у палаці
la cour était complètement vide
двір був зовсім порожній
et il n'y avait aucun signe de vie nulle part
і ніде не було жодних ознак життя
son cheval le suivit dans le palais
його кінь пішов за ним у палац
et puis son cheval a trouvé une grande écurie
а потім його кінь знайшов велику стайню
le pauvre animal était presque affamé
бідна тварина майже зголодніла
alors son cheval est allé chercher du foin et de l'avoine

тож його кінь увійшов, щоб знайти сіно й овес
Heureusement, il a trouvé beaucoup à manger
на щастя, він знайшов багато їжі
et le marchand attacha son cheval à la mangeoire
і купець прив'язав коня до ясел
En marchant vers la maison, il n'a vu personne
Йдучи до будинку, він нікого не побачив
mais dans une grande salle il trouva un bon feu
але у великій залі він знайшов гарний вогонь
et il a trouvé une table dressée pour une personne
і він знайшов стіл, накритий для одного
il était mouillé par la pluie et la neige
він був мокрий від дощу та снігу
alors il s'est approché du feu pour se sécher
тож він підійшов до вогню, щоб висохнути
« J'espère que le maître de maison m'excusera »
«Сподіваюся, господар будинку мене вибачить»
« Je suppose qu'il ne faudra pas longtemps pour que quelqu'un apparaisse »
«Мені здається, що хтось з'явиться недовго»
Il a attendu un temps considérable
Він чекав досить довго
il a attendu jusqu'à ce que onze heures sonnent, et toujours personne n'est venu
він чекав, доки пробило одинадцять, але ніхто не прийшов
enfin, il avait tellement faim qu'il ne pouvait plus attendre
нарешті він був такий голодний, що не міг більше чекати
il a pris du poulet et l'a mangé en deux bouchées
він узяв трохи курки і з'їв її двома ковтками
il tremblait en mangeant la nourriture
він тремтів, коли їв їжу
après cela, il a bu quelques verres de vin
після цього він випив кілька келихів вина
devenant plus courageux, il sortit du hall
набравшись сміливості, він вийшов із залу
et il traversa plusieurs grandes salles

і він пройшов через кілька великих залів
il a traversé le palais jusqu'à ce qu'il arrive dans une chambre
він пройшов через палац, поки не зайшов у кімнату
une chambre qui contenait un très bon lit
кімната, в якій було надзвичайно добре ліжко
il était très fatigué par son épreuve
він був дуже втомлений від своїх випробувань
et il était déjà minuit passé
а час був уже за північ
alors il a décidé qu'il était préférable de fermer la porte
тому він вирішив, що краще зачинити двері
et il a conclu qu'il devrait aller se coucher
і він вирішив, що йому слід лягти спати
Il était dix heures du matin lorsque le marchand s'est réveillé
Була десята ранку, коли купець прокинувся
au moment où il allait se lever, il vit quelque chose
коли він збирався встати, він щось побачив
il a été étonné de voir un ensemble de vêtements propres
він був здивований, побачивши чистий комплект одягу
à l'endroit où il avait laissé ses vêtements sales
в тому місці, де він залишив свій брудний одяг
"ce palais appartient certainement à une sorte de fée"
"Цей палац, звичайно, належить якійсь феї"
" une fée qui m'a vu et qui a eu pitié de moi"
" фея , яка побачила і пожаліла мене"
il a regardé à travers une fenêtre
він дивився у вікно
mais au lieu de neige, il vit le jardin le plus charmant
але замість снігу він побачив найпрекрасніший сад
et dans le jardin il y avait les plus belles roses
а в саду були найгарніші троянди
il est ensuite retourné dans la grande salle
потім він повернувся до великої зали
la salle où il avait mangé de la soupe la veille

зал, де він їв суп напередодні ввечері
et il a trouvé du chocolat sur une petite table
і він знайшов трохи шоколаду на столику
« Merci, bonne Madame la Fée », dit-il à voix haute.
— Дякую, добра пані Фея, — сказав він уголос
"Merci d'être si attentionné"
"дякую за таку турботу"
« Je vous suis extrêmement reconnaissant pour toutes vos faveurs »
«Я дуже вдячний вам за всі ваші послуги»
l'homme gentil a bu son chocolat
добрий чоловік випив свій шоколад
et puis il est allé chercher son cheval
а потім пішов шукати свого коня
mais dans le jardin il se souvint de la demande de Belle
але в саду він згадав прохання красуні
et il coupa une branche de roses
і він зрізав гілку троянд
immédiatement il entendit un grand bruit
відразу почув він великий шум
et il vit une bête terriblement effrayante
і побачив він жахливого звіра
il était tellement effrayé qu'il était sur le point de s'évanouir
він так злякався, що ладен був знепритомніти
« Tu es bien ingrat », lui dit la bête.
— Ти дуже невдячний, — сказав йому звір
et la bête parla d'une voix terrible
і заговорив звір страшним голосом
« Je t'ai sauvé la vie en te laissant entrer dans mon château »
«Я врятував тобі життя, дозволивши тобі у свій замок»
"et pour ça tu me voles mes roses en retour ?"
"і за це ти крадеш мої троянди взамін?"
« Les roses que j'apprécie plus que tout »
«Троянди, які я ціную понад усе»
"mais tu mourras pour ce que tu as fait"
"але ти помреш за те, що ти зробив"

« Je ne vous donne qu'un quart d'heure pour vous préparer »
«Я даю тобі лише чверть години, щоб підготуватися»
« Préparez-vous à la mort et dites vos prières »
"готуйся до смерті і помолись"
le marchand tomba à genoux
купець упав на коліна
et il leva ses deux mains
і він підняв обидві руки
« Monseigneur, je vous supplie de me pardonner »
«Мій пане, я благаю вас пробачити мене»
« Je n'avais aucune intention de t'offenser »
«Я не мав наміру вас образити»
« J'ai cueilli une rose pour une de mes filles »
«Я зібрав троянду для однієї зі своїх дочок»
"elle m'a demandé de lui apporter une rose"
"вона попросила мене принести їй троянду"
« Je ne suis pas ton seigneur, mais je suis une bête », répondit le monstre
«Я не твій володар, але я звір», — відповів чудовисько
« Je n'aime pas les compliments »
«Я не люблю компліментів»
« J'aime les gens qui parlent comme ils pensent »
«Мені подобаються люди, які говорять так, як думають»
« N'imaginez pas que je puisse être ému par la flatterie »
"не думай, що мене можуть зворушити лестощі"
« Mais tu dis que tu as des filles »
«Але ви кажете, що у вас є дочки»
"Je te pardonnerai à une condition"
«Я пробачу тебе за однієї умови»
« L'une de vos filles doit venir volontairement à mon palais »
«одна з ваших дочок має добровільно прийти до мого палацу»
"et elle doit souffrir pour toi"
"і вона повинна страждати за вас"
« Donne-moi ta parole »

"Дайте мені слово"
"et ensuite tu pourras vaquer à tes occupations"
"а потім можете займатися своїми справами"
« Promets-moi ceci : »
«Пообіцяй мені це:»
"Si votre fille refuse de mourir pour vous, vous devez revenir dans les trois mois"
«Якщо ваша дочка відмовляється померти за вас, ви повинні повернутися протягом трьох місяців»
le marchand n'avait aucune intention de sacrifier ses filles
купець не мав наміру приносити в жертву своїх дочок
mais, comme on lui en donnait le temps, il voulait revoir ses filles une fois de plus
але, оскільки йому дали час, він хотів ще раз побачити своїх дочок
alors il a promis qu'il reviendrait
тому він пообіцяв, що повернеться
et la bête lui dit qu'il pouvait partir quand il le voudrait
і звір сказав йому, що він може вирушити, коли забажає
et la bête lui dit encore une chose
і звір сказав йому ще одну річ
« Tu ne partiras pas les mains vides »
"не підеш з порожніми руками"
« retourne dans la pièce où tu étais allongé »
"повертайся до кімнати, де ти лежав"
« vous verrez un grand coffre au trésor vide »
"Ви побачите велику порожню скриню зі скарбами"
« Remplissez le coffre aux trésors avec ce que vous préférez »
"наповни скриню зі скарбами тим, що тобі найбільше подобається"
"et j'enverrai le coffre au trésor chez toi"
"і я відправлю скриню зі скарбами до вас додому"
et en même temps la bête s'est retirée
і в той же час звір відступив
« Eh bien, » se dit le bon homme

«Ну що ж, — сказав собі молодець
« Si je dois mourir, je laisserai au moins quelque chose à mes enfants »
«Якщо мені доведеться померти, я принаймні щось залишу своїм дітям»
alors il retourna dans la chambre à coucher
тому він повернувся до спальні
et il a trouvé une grande quantité de pièces d'or
і він знайшов дуже багато шматків золота
il a rempli le coffre au trésor que la bête avait mentionné
він наповнив скриню зі скарбами, про яку згадував звір
et il sortit son cheval de l'écurie
і він вивів свого коня зі стайні
la joie qu'il ressentait en entrant dans le palais était désormais égale à la douleur qu'il ressentait en le quittant
радість, яку він відчував, увійшовши до палацу, тепер була рівна горю, яке він відчував, покидаючи його
le cheval a pris un des chemins de la forêt
кінь пішов однією з лісових доріг
et quelques heures plus tard, le bon homme était à la maison
і за кілька годин молодець був удома
ses enfants sont venus à lui
до нього приходили його діти
mais au lieu de recevoir leurs étreintes avec plaisir, il les regardait
але замість того, щоб із задоволенням прийняти їхні обійми, він дивився на них
il brandit la branche qu'il tenait dans ses mains
він підняв гілку, яку мав у руках
et puis il a fondu en larmes
а потім розплакався
« Belle », dit-il, « s'il te plaît, prends ces roses »
«Красуня, — сказав він, — будь ласка, візьми ці троянди»
"Vous ne pouvez pas savoir à quel point ces roses ont été chères"
"Ви не можете знати, як дорого коштували ці троянди"

"Ces roses ont coûté la vie à ton père"
"ці троянди коштували вашому батькові життя"
et puis il raconta sa fatale aventure
а потім розповів про свою фатальну пригоду
immédiatement les deux sœurs aînées crièrent
одразу закричали дві старші сестри
et ils ont dit beaucoup de choses méchantes à leur belle sœur
і вони сказали багато поганих речей своїй прекрасній сестрі
mais Belle n'a pas pleuré du tout
але красуня зовсім не плакала
« Regardez l'orgueil de ce petit misérable », dirent-ils.
«Погляньте на гордість цього маленького негідника», — сказали вони
"elle n'a pas demandé de beaux vêtements"
"вона не просила гарний одяг"
"Elle aurait dû faire ce que nous avons fait"
"вона повинна була зробити те, що ми зробили"
"elle voulait se distinguer"
"вона хотіла виділитися"
"alors maintenant elle sera la mort de notre père"
"тож тепер вона буде смертю нашого батька"
"et pourtant elle ne verse pas une larme"
"а вона не ронить сльози"
"Pourquoi devrais-je pleurer ?" répondit Belle
— Чого мені плакати? — відповіла красуня
« pleurer serait très inutile »
"плакати було б дуже марно"
« Mon père ne souffrira pas pour moi »
"мій батько не буде страждати за мене"
"le monstre acceptera une de ses filles"
"монстр прийме одну зі своїх дочок"
« Je m'offrirai à toute sa fureur »
«Я запропоную себе всій його люті»
« Je suis très heureux, car ma mort sauvera la vie de mon père »

«Я дуже щасливий, тому що моя смерть врятує життя моєму батькові»
"ma mort sera une preuve de mon amour"
"моя смерть буде доказом мого кохання"
« Non, ma sœur », dirent ses trois frères
— Ні, сестро, — сказали троє її братів
"cela ne sera pas"
"цього не буде"
"nous allons chercher le monstre"
"ми підемо шукати монстра"
"et soit on le tue..."
«І або ми його вб'ємо...»
« ... ou nous périrons dans cette tentative »
«...або ми загинемо при спробі»
« N'imaginez rien de tel, mes fils », dit le marchand.
«Не уявляйте собі нічого подібного, сини мої», — сказав купець
"La puissance de la bête est si grande que je n'ai aucun espoir que tu puisses la vaincre"
«Сила звіра настільки велика, що я не сподіваюся, що ти зможеш його подолати»
« Je suis charmé par l'offre aimable et généreuse de Belle »
«Я зачарований доброю та щедрою пропозицією красуні»
"mais je ne peux pas accepter sa générosité"
"але я не можу прийняти її щедрість"
« Je suis vieux et je n'ai plus beaucoup de temps à vivre »
«Я старий, і жити мені залишилося недовго»
"Je ne peux donc perdre que quelques années"
"тому я можу втратити лише кілька років"
"un temps que je regrette pour vous, mes chers enfants"
«час, про який я шкодую для вас, мої любі діти»
« Mais père », dit Belle
«Але тато», — сказала красуня
"tu n'iras pas au palais sans moi"
«без мене ти не підеш до палацу»
"tu ne peux pas m'empêcher de te suivre"

"ти не можеш заборонити мені стежити за тобою"
rien ne pourrait convaincre Belle autrement
ніщо не могло переконати красу в іншому
elle a insisté pour aller au beau palais
вона наполягала на тому, щоб піти до прекрасного палацу
et ses sœurs étaient ravies de son insistance
і її сестри були в захваті від її наполягань
Le marchand était inquiet à l'idée de perdre sa fille
Купець був стурбований думкою про втрату дочки
il était tellement inquiet qu'il avait oublié le coffre rempli d'or
він так хвилювався, що забув про скриню, повну золота
la nuit, il se retirait pour se reposer et fermait la porte de sa chambre
вночі він пішов відпочити і зачинив двері своєї кімнати
puis, à sa grande surprise, il trouva le trésor à côté de son lit
потім, на свій превеликий подив, він знайшов скарб біля свого ліжка
il était déterminé à ne rien dire à ses enfants
він вирішив не розповідати своїм дітям
s'ils savaient, ils auraient voulu retourner en ville
якби вони знали, то хотіли б повернутися до міста
et il était résolu à ne pas quitter la campagne
і він вирішив не покидати села
mais il confia le secret à Belle
але він довірив красі таємницю
elle l'informa que deux messieurs étaient venus
вона сповістила його, що прийшли двоє панів
et ils ont fait des propositions à ses sœurs
і вони зробили пропозиції її сестрам
elle a supplié son père de consentir à leur mariage
вона благала батька дати згоду на їхній шлюб
et elle lui a demandé de leur donner une partie de sa fortune
і вона попросила його віддати їм частину свого стану
elle leur avait déjà pardonné
вона вже їх пробачила

les méchantes créatures se frottaient les yeux avec des oignons
нечисті створіння натирали очі цибулею
pour forcer quelques larmes quand ils se sont séparés de leur sœur
змусити сльози, коли розлучалися з сестрою
mais ses frères étaient vraiment inquiets
але її брати справді були стурбовані
Belle était la seule à ne pas verser de larmes
красуня єдина не пролила жодної сльози
elle ne voulait pas augmenter leur malaise
вона не хотіла посилювати їхній неспокій
le cheval a pris la route directe vers le palais
кінь пішов прямою дорогою до палацу
et vers le soir ils virent le palais illuminé
а ближче до вечора вони побачили освітлений палац
le cheval est rentré à l'écurie
кінь знову забрався в стайню
et le bon homme et sa fille entrèrent dans la grande salle
і добрий чоловік з дочкою пішли до великої зали
ici ils ont trouvé une table magnifiquement dressée
тут вони знайшли чудово сервірований стіл
le marchand n'avait pas d'appétit pour manger
у купця не було апетиту їсти
mais Belle s'efforçait de paraître joyeuse
але красуня намагалася виглядати веселою
elle s'est assise à table et a aidé son père
вона сіла за стіл і допомогла батькові
mais elle pensait aussi :
але вона також думала про себе:
"La bête veut sûrement m'engraisser avant de me manger"
"звір напевно хоче мене відгодувати, перш ніж з'їсти"
"c'est pourquoi il offre autant de divertissement"
"саме тому він надає такі рясні розваги"
après avoir mangé, ils entendirent un grand bruit
після того як вони поїли, вони почули великий шум

et le marchand fit ses adieux à son malheureux enfant, les larmes aux yeux
і купець зі сльозами на очах прощався зі своєю нещасною дитиною
parce qu'il savait que la bête allait venir
бо він знав, що звір іде
Belle était terrifiée par sa forme horrible
Красуня жахнулася його жахливої форми
mais elle a pris courage du mieux qu'elle a pu
але вона набралася мужності, як могла
et le monstre lui a demandé si elle était venue volontairement
і чудовисько запитало її, чи охоче вона прийшла
"Oui, je suis venue volontiers", dit-elle en tremblant
«Так, я прийшла охоче», — тремтячи, сказала вона
la bête répondit : « Tu es très bon »
звір відповів: "Ти дуже хороший"
"et je vous suis très reconnaissant, honnête homme"
"і я вам дуже вдячний; чесна людина"
« Allez-y demain matin »
"йди своїм шляхом завтра вранці"
"mais ne pense plus jamais à revenir ici"
"але ніколи не думай приходити сюди знову"
« Adieu Belle, adieu bête », répondit-il
«Прощай красуне, прощай звір», — відповів він
et immédiatement le monstre s'est retiré
і відразу чудовисько пішло
« Oh, ma fille », dit le marchand
— Ой, дочко, — сказав купець
et il embrassa sa fille une fois de plus
і він ще раз обійняв дочку
« Je suis presque mort de peur »
«Я майже до смерті наляканий»
"crois-moi, tu ferais mieux de rentrer"
"повір мені, тобі краще повернутися"
"Laisse-moi rester ici, à ta place"

"дай мені залишитися тут замість тебе"
« Non, père », dit Belle d'un ton résolu.
— Ні, батьку, — рішуче сказала красуня
"tu partiras demain matin"
"ти вирушиш завтра вранці"
« Laissez-moi aux soins et à la protection de la Providence »
«залиш мене на піклування та захист провидіння»
néanmoins ils sont allés se coucher
тим не менше вони пішли спати
ils pensaient qu'ils ne fermeraient pas les yeux de la nuit
думали цілу ніч ока не зімкнути
mais juste au moment où ils se couchaient, ils s'endormirent
але як лягли, так і заснули
La belle rêva qu'une belle dame venait et lui disait :
красуні приснилося, що прийшла прекрасна жінка і сказала їй:
« Je suis content, Belle, de ta bonne volonté »
«Я задоволений, красуне, твоєю доброю волею»
« Cette bonne action de votre part ne restera pas sans récompense »
"цей твій добрий вчинок не залишиться без винагороди"
Belle s'est réveillée et a raconté son rêve à son père
Прокинулася красуня і розповіла батькові свій сон
le rêve l'a aidé à se réconforter un peu
сон допоміг йому трохи втішитися
mais il ne pouvait s'empêcher de pleurer amèrement en partant
але він не міг стримати гіркого плачу, коли йшов
Dès qu'il fut parti, Belle s'assit dans la grande salle et pleura aussi
як тільки він пішов, красуня сіла у великій залі й теж заплакала
mais elle résolut de ne pas s'inquiéter
але вона вирішила не хвилюватися
elle a décidé d'être forte pour le peu de temps qui lui restait à vivre

вона вирішила бути сильною за той небагато часу, що їй залишилося жити
parce qu'elle croyait fermement que la bête la mangerait
тому що вона твердо вірила, що звір її з'їсть
Cependant, elle pensait qu'elle pourrait aussi bien explorer le palais
однак вона подумала, що з таким же успіхом може дослідити палац
et elle voulait voir le beau château
і вона хотіла оглянути прекрасний замок
un château qu'elle ne pouvait s'empêcher d'admirer
замок, яким вона не могла не милуватися
c'était un palais délicieusement agréable
це був чудово приємний палац
et elle fut extrêmement surprise de voir une porte
і вона була надзвичайно здивована, побачивши двері
et sur la porte il était écrit que c'était sa chambre
а над дверима було написано, що це її кімната
elle a ouvert la porte à la hâte
вона поспішно відчинила двері
et elle était tout à fait éblouie par la magnificence de la pièce
і вона була дуже вражена пишністю кімнати
ce qui a principalement retenu son attention était une grande bibliothèque
головним чином її увагу привернула велика бібліотека
un clavecin et plusieurs livres de musique
клавесин і кілька нотних книжок
« Eh bien, » se dit-elle
«Ну що ж, — сказала вона сама собі
« Je vois que la bête ne laissera pas mon temps peser sur moi »
"Я бачу, що звір не дасть моєму часу зависнути"
puis elle réfléchit à sa situation
потім вона розмірковувала про свою ситуацію
« Si je devais rester un jour, tout cela ne serait pas là »
«Якби мені судилося залишитися на день, усього цього тут

не було б»
cette considération lui inspira un courage nouveau
це міркування надихнуло її новою мужністю
et elle a pris un livre de sa nouvelle bibliothèque
і вона взяла книгу зі своєї нової бібліотеки
et elle lut ces mots en lettres d'or :
і вона прочитала ці слова золотими літерами:
« Accueillez Belle, bannissez la peur »
«Ласкаво просимо красуне, вижени страх»
« Vous êtes reine et maîtresse ici »
«Ти тут королева і володарка»
« Exprimez vos souhaits, exprimez votre volonté »
«Говори свої бажання, говори свою волю»
« L'obéissance rapide répond ici à vos souhaits »
"Швидка слухняність тут відповідає вашим бажанням"
« Hélas, dit-elle avec un soupir
— На жаль, — сказала вона, зітхнувши
« Ce que je souhaite par-dessus tout, c'est revoir mon pauvre père. »
«Найбільше я хочу побачити мого бідного батька»
"et j'aimerais savoir ce qu'il fait"
"і я хотів би знати, що він робить"
Dès qu'elle eut dit cela, elle remarqua le miroir
Сказавши це, вона помітила дзеркало
à sa grande surprise, elle vit sa propre maison dans le miroir
на свій превеликий подив вона побачила в дзеркалі свій власний дім
son père est arrivé émotionnellement épuisé
її батько прийшов емоційно виснажений
ses sœurs sont allées à sa rencontre
її сестри пішли йому назустріч
malgré leurs tentatives de paraître tristes, leur joie était visible
незважаючи на їхні спроби здаватися сумними, їхня радість була помітна
un instant plus tard, tout a disparu

через мить усе зникло
et les appréhensions de Belle ont également disparu
і побоювання красуні теж зникли
car elle savait qu'elle pouvait faire confiance à la bête
бо вона знала, що може довіряти звірові
À midi, elle trouva le dîner prêt
Опівдні вона знайшла вечерю готовою
elle s'est assise à la table
вона сама сіла за стіл
et elle a été divertie avec un concert de musique
і її розважали музичним концертом
même si elle ne pouvait voir personne
хоча вона нікого не бачила
le soir, elle s'est à nouveau assise pour dîner
вночі знову сіла вечеряти
cette fois elle entendit le bruit que faisait la bête
цього разу вона почула шум, який видав звір
et elle ne pouvait s'empêcher d'être terrifiée
і вона не могла не налякатися
"Belle", dit le monstre
«Красуня», - сказав монстр
"est-ce que tu me permets de manger avec toi ?"
"Ви дозволяєте мені поїсти з вами?"
« Fais comme tu veux », répondit Belle en tremblant
— Роби, як хочеш, — тремтячи, відповіла красуня
"Non", répondit la bête
— Ні, — відповів звір
"tu es seule la maîtresse ici"
"Ти одна господиня тут"
"tu peux me renvoyer si je suis gênant"
"Ви можете відіслати мене, якщо я буду неприємний"
« renvoyez-moi et je me retirerai immédiatement »
"відпусти мене, і я негайно відійду"
« Mais dis-moi, ne me trouves-tu pas très laide ? »
«Але скажи мені, ти не вважаєш мене дуже потворним?»
"C'est vrai", dit Belle

— Це правда, — сказала красуня
« Je ne peux pas mentir »
«Я не можу говорити неправду»
"mais je crois que tu es de très bonne nature"
"але я вірю, що ти дуже добродушний"
« Je le suis en effet », dit le monstre
— Справді, — сказав чудовисько
« Mais à part ma laideur, je n'ai pas non plus de bon sens »
«Але, окрім моєї потворності, я також не маю розуму»
« Je sais très bien que je suis une créature stupide »
«Я добре знаю, що я дурна істота»
« Ce n'est pas un signe de folie de penser ainsi », répondit Belle.
«Це не є ознакою дурості так думати», — відповіла красуня
« Mange donc, belle », dit le monstre
— Тоді їж, красуне, — сказала потвора
« essaie de t'amuser dans ton palais »
"спробуйте розважитися у своєму палаці"
"tout ici est à toi"
"все тут твоє"
"et je serais très mal à l'aise si tu n'étais pas heureux"
"і мені було б дуже незручно, якби ти не був щасливий"
« Vous êtes très obligeant », répondit Belle
«Ви дуже люб'язні», - відповіла красуня
« J'avoue que je suis heureux de votre gentillesse »
«Зізнаюся, я задоволений вашою добротою»
« et quand je considère votre gentillesse, je remarque à peine vos difformités »
«і коли я розглядаю вашу доброту, я майже не помічаю ваших пороків»
« Oui, oui, dit la bête, mon cœur est bon.
«Так, так, — сказав звір, — моє серце добре
"mais même si je suis bon, je suis toujours un monstre"
"але хоча я хороший, я все одно чудовисько"
« Il y a beaucoup d'hommes qui méritent ce nom plus que toi »

"Є багато чоловіків, які заслуговують на це ім'я більше, ніж ти"
"et je te préfère tel que tu es"
"і я віддаю перевагу тобі таким, який ти є"
"et je te préfère à ceux qui cachent un cœur ingrat"
"і я віддаю перевагу тобі більше, ніж тим, хто приховує невдячне серце"
"Si seulement j'avais un peu de bon sens", répondit la bête
«Якби я мав трохи розуму», — відповів звір
"Si j'avais du bon sens, je vous ferais un beau compliment pour vous remercier"
«Якби я був розумним, то зробив би гарний комплімент на подяку»
"mais je suis si ennuyeux"
"але я такий нудний"
« Je peux seulement dire que je vous suis très reconnaissant »
«Можу тільки сказати, що я вам дуже вдячний»
Belle a mangé un copieux souper
красуня ситно повечеряла
et elle avait presque vaincu sa peur du monstre
і вона майже подолала свій страх перед монстром
mais elle a voulu s'évanouir lorsque la bête lui a posé la question suivante
але вона хотіла знепритомніти, коли звір поставив їй наступне запитання
"Belle, veux-tu être ma femme ?"
"Красуня, ти станеш моєю дружиною?"
elle a mis du temps avant de pouvoir répondre
їй знадобився деякий час, перш ніж вона змогла відповісти
parce qu'elle avait peur de le mettre en colère
бо боялася його розлютити
Mais finalement elle dit "non, bête"
нарешті, однак, вона сказала "ні, звір"
immédiatement le pauvre monstre siffla très effroyablement
одразу жахливо зашипіла бідна потвора

et tout le palais résonna
і весь палац перегукувався
mais Belle se remit bientôt de sa frayeur
але красуня скоро оговталася від переляку
parce que la bête parla encore d'une voix lugubre
бо звір знову заговорив жалібним голосом
"Alors adieu, Belle"
"тоді прощай, красуне"
et il ne se retournait que de temps en temps
і він тільки час від часу повертався назад
de la regarder alors qu'il sortait
дивитися на неї, коли він виходить
maintenant Belle était à nouveau seule
тепер красуня знову залишилася одна
elle ressentait beaucoup de compassion
вона відчула велике співчуття
"Hélas, c'est mille fois dommage"
«На жаль, це тисяча жаль»
"tout ce qui est si bon ne devrait pas être si laid"
"все, що має такий добрий характер, не повинно бути таким потворним"
Belle a passé trois mois très heureuse dans le palais
Три місяці красуня дуже задоволена провела в палаці
chaque soir la bête lui rendait visite
щовечора звір відвідував її
et ils ont parlé pendant le dîner
і вони розмовляли під час вечері
ils ont parlé avec bon sens
вони говорили зі здоровим глуздом
mais ils ne parlaient pas avec ce que les gens appellent de l'esprit
але вони не говорили з тим, що люди називають дотепністю
Belle a toujours découvert un caractère précieux dans la bête
Краса завжди відкривала в звірі якийсь цінний характер
et elle s'était habituée à sa difformité

і вона звикла до його деформації
elle ne redoutait plus le moment de sa visite
вона більше не боялася часу його візиту
maintenant elle regardait souvent sa montre
тепер вона часто дивилася на годинник
et elle ne pouvait pas attendre qu'il soit neuf heures
і вона не могла дочекатися, коли буде дев'ята година
car la bête ne manquait jamais de venir à cette heure-là
тому що звір ніколи не пропускав прийти в ту годину
il n'y avait qu'une seule chose qui concernait Belle
було лише одне, що стосувалося краси
chaque soir avant d'aller au lit, la bête lui posait la même question
кожного вечора перед тим, як вона лягла спати, звір ставив їй те саме запитання
le monstre lui a demandé si elle voulait être sa femme
монстр запитав її, чи стане вона його дружиною
un jour elle lui dit : "bête, tu me mets très mal à l'aise"
одного разу вона сказала йому: "Звірюко, ти мене дуже тривожиш"
« J'aimerais pouvoir consentir à t'épouser »
«Я б хотів дати згоду вийти за тебе заміж»
"mais je suis trop sincère pour te faire croire que je t'épouserais"
"але я надто щирий, щоб змусити тебе повірити, що я б одружився з тобою"
"Notre mariage n'aura jamais lieu"
"наш шлюб ніколи не відбудеться"
« Je te verrai toujours comme un ami »
«Я завжди буду бачити тебе другом»
"S'il vous plaît, essayez d'être satisfait de cela"
"будь ласка, спробуй бути задоволеним цим"
« Je dois me contenter de cela », dit la bête
«Я повинен бути задоволений цим», - сказав звір
« Je connais mon propre malheur »
«Я знаю свою біду»

"mais je t'aime avec la plus tendre affection"
"але я люблю тебе найніжнішою любов'ю "
« Cependant, je devrais me considérer comme heureux »
«Однак я повинен вважати себе щасливим»
"et je serais heureux que tu restes ici"
"і я повинен бути щасливий, що ти залишишся тут"
"promets-moi de ne jamais me quitter"
"пообіцяй мені ніколи не залишати мене"
Belle rougit à ces mots
красуня почервоніла від цих слів
Un jour, Belle se regardait dans son miroir
Одного разу красуня дивилась у своє дзеркало
son père s'était inquiété à mort pour elle
її батько дуже переживав за неї
elle avait plus que jamais envie de le revoir
вона прагнула побачити його знову як ніколи
« Je pourrais te promettre de ne jamais te quitter complètement »
«Я міг би пообіцяти, що ніколи не покидаю тебе повністю»
"mais j'ai tellement envie de voir mon père"
"але я дуже хочу побачити свого батька"
« Je serais terriblement contrarié si tu disais non »
«Я буду неймовірно засмучений, якщо ти скажеш «ні»
« Je préfère mourir moi-même », dit le monstre
— Краще б я сам помер, — сказав чудовисько
« Je préférerais mourir plutôt que de te mettre mal à l'aise »
«Я краще помру, ніж змушу тебе почуватися неспокійно»
« Je t'enverrai vers ton père »
«Я відішлю тебе до твого батька»
"tu resteras avec lui"
"ти залишишся з ним"
"et cette malheureuse bête mourra de chagrin à la place"
"а цей нещасний звір замість цього помре з горя"
« Non », dit Belle en pleurant
— Ні, — сказала красуня, плачучи

"Je t'aime trop pour être la cause de ta mort"
«Я люблю тебе занадто сильно, щоб стати причиною твоєї смерті»
"Je te promets de revenir dans une semaine"
«Я обіцяю тобі повернутися через тиждень»
« Tu m'as montré que mes sœurs sont mariées »
«Ви показали мені, що мої сестри вийшли заміж»
« et mes frères sont partis à l'armée »
"а мої брати пішли в армію"
« laisse-moi rester une semaine avec mon père, car il est seul »
«дай мені тиждень побути з батьком, бо він один»
« Tu seras là demain matin », dit la bête
— Ти будеш там завтра вранці, — сказав звір
"mais souviens-toi de ta promesse"
"але пам'ятай свою обіцянку"
« Il vous suffit de poser votre bague sur une table avant d'aller vous coucher »
«Вам потрібно лише покласти каблучку на стіл перед тим, як лягти спати»
"et alors tu seras ramené avant le matin"
"і тоді вас повернуть до ранку"
« Adieu chère Belle », soupira la bête
— Прощавай, люба красуне, — зітхнув звір
Belle s'est couchée très triste cette nuit-là
Того вечора красуня дуже засмучена лягла спати
parce qu'elle ne voulait pas voir la bête si inquiète
тому що вона не хотіла бачити звіра таким стурбованим
le lendemain matin, elle se retrouva chez son père
наступного ранку вона опинилася вдома в батька
elle a sonné une petite cloche à côté de son lit
вона подзвонила в дзвіночок біля свого ліжка
et la servante poussa un grand cri
і служниця голосно скрикнула
et son père a couru à l'étage
і її батько побіг нагору

il pensait qu'il allait mourir de joie
він думав, що помре від радості
il l'a tenue dans ses bras pendant un quart d'heure
він тримав її на руках чверть години
Finalement, les premières salutations étaient terminées
нарешті перші привітання закінчилися
Belle a commencé à penser à sortir du lit
красуня почала думати встати з ліжка
mais elle s'est rendu compte qu'elle n'avait apporté aucun vêtement
але вона зрозуміла, що не принесла одягу
mais la servante lui a dit qu'elle avait trouvé une boîte
але покоївка сказала їй, що знайшла коробку
le grand coffre était plein de robes et de robes
велика скриня була повна халатів і суконь
chaque robe était couverte d'or et de diamants
кожна сукня була вкрита золотом і діамантами
La Belle a remercié la Bête pour ses bons soins
Красуня подякувала звіра за його добру турботу
et elle a pris l'une des robes les plus simples
і вона взяла одну з найпростіших суконь
elle avait l'intention de donner les autres robes à ses sœurs
інші сукні вона мала намір віддати своїм сестрам
mais à cette pensée le coffre de vêtements disparut
але при цій думці скриня з одягом зникла
la bête avait insisté sur le fait que les vêtements étaient pour elle seulement
звір наполягав, що одяг призначений лише для неї
son père lui a dit que c'était le cas
її батько сказав їй, що це так
et aussitôt le coffre de vêtements est revenu
і негайно скриня з одягом повернулася назад
Belle s'est habillée avec ses nouveaux vêtements
красуня одяглася в новий одяг
et pendant ce temps les servantes allèrent chercher ses sœurs
а тим часом служниці пішли шукати її сестер

ses deux sœurs étaient avec leurs maris
обидві її сестри були зі своїми чоловіками
mais ses deux sœurs étaient très malheureuses
але обидві її сестри були дуже нещасні
sa sœur aînée avait épousé un très beau gentleman
її старша сестра вийшла заміж за дуже гарного джентльмена
mais il était tellement amoureux de lui-même qu'il négligeait sa femme
але він так любив себе, що знехтував своєю дружиною
sa deuxième sœur avait épousé un homme spirituel
її друга сестра вийшла заміж за дотепного чоловіка
mais il a utilisé son esprit pour tourmenter les gens
але він використовував свою дотепність, щоб мучити людей
et il tourmentait surtout sa femme
а найбільше він мучив свою дружину
Les sœurs de Belle l'ont vue habillée comme une princesse
сестри красуні бачили її одягненою, як принцеса
et ils furent écœurés d'envie
і вони були хворі на заздрість
maintenant elle était plus belle que jamais
тепер вона була прекрасніша, ніж будь-коли
son comportement affectueux n'a pas pu étouffer leur jalousie
її ніжна поведінка не могла придушити їхні ревнощі
elle leur a dit combien elle était heureuse avec la bête
вона розповіла їм, як вона щаслива зі звіром
et leur jalousie était prête à éclater
і їхні ревнощі були готові вибухнути
Ils descendirent dans le jardin pour pleurer leur malheur
Спустилися вони в сад плакати про свою біду
« En quoi cette petite créature est-elle meilleure que nous ? »
«Чим ця маленька істота краща за нас?»
« Pourquoi devrait-elle être tellement plus heureuse ? »
«Чому вона має бути такою щасливішою?»

« Sœur », dit la sœur aînée
— Сестро, — сказала старша сестра
"une pensée vient de me traverser l'esprit"
"мені в голову спала одна думка"
« Essayons de la garder ici plus d'une semaine »
"давайте спробуємо протримати її тут більше тижня"
"Peut-être que cela fera enrager ce monstre idiot"
"можливо, це розлютить дурного монстра"
« parce qu'elle aurait manqué à sa parole »
"тому що вона порушила б своє слово"
"et alors il pourrait la dévorer"
"і тоді він може зжерти її"
"C'est une excellente idée", répondit l'autre sœur
«Це чудова ідея», — відповіла інша сестра
« Nous devons lui montrer autant de gentillesse que possible »
"ми повинні проявити до неї якомога більше доброти"
les sœurs en ont fait leur résolution
сестри прийняли це рішення
et ils se sont comportés très affectueusement envers leur sœur
і вони дуже ніжно ставилися до своєї сестри
pauvre Belle pleurait de joie à cause de toute leur gentillesse
бідна красуня плакала від радості від усієї їхньої доброти
quand la semaine fut expirée, ils pleurèrent et s'arrachèrent les cheveux
коли тиждень минув, вони плакали і рвали на собі волосся
ils semblaient si désolés de se séparer d'elle
їм, здавалося, було так шкода розлучатися з нею
et Belle a promis de rester une semaine de plus
і красуня пообіцяла залишитися ще на тиждень
Pendant ce temps, Belle ne pouvait s'empêcher de réfléchir sur elle-même
А поки красуня не могла не задуматися про себе
elle s'inquiétait de ce qu'elle faisait à la pauvre bête
вона хвилювалася, що робила з бідним звіром

elle sait qu'elle l'aimait sincèrement
вона знає, що щиро кохала його
et elle avait vraiment envie de le revoir
і їй дуже хотілося побачити його знову
la dixième nuit qu'elle a passée chez son père aussi
десяту ніч вона теж провела в батька
elle a rêvé qu'elle était dans le jardin du palais
їй наснилося, що вона була в саду палацу
et elle rêva qu'elle voyait la bête étendue sur l'herbe
і їй приснилося, що вона побачила звіра, що розтягнувся на траві
il semblait lui faire des reproches d'une voix mourante
— ніби передсмертним голосом дорікав їй
et il l'accusa d'ingratitude
і він звинуватив її в невдячності
Belle s'est réveillée de son sommeil
красуня прокинулася зі сну
et elle a fondu en larmes
і вона розплакалася
« Ne suis-je pas très méchant ? »
— Хіба я не дуже зла?
« N'était-ce pas cruel de ma part d'agir si méchamment envers la bête ? »
— Хіба не жорстоко з мого боку поводитися так недоброзичливо зі звіром?
"la bête a tout fait pour me faire plaisir"
"звір робив усе, щоб догодити мені"
« Est-ce sa faute s'il est si laid ? »
— Це він винен, що такий потворний?
« Est-ce sa faute s'il a si peu d'esprit ? »
— Це він винен, що в нього так мало розуму?
« Il est gentil et bon, et cela suffit »
«Він добрий і добрий, і цього достатньо»
« Pourquoi ai-je refusé de l'épouser ? »
— Чому я відмовилася вийти за нього заміж?
« Je devrais être heureux avec le monstre »

"Я повинен бути щасливий з монстром"
« regarde les maris de mes sœurs »
"Подивіться на чоловіків моїх сестер"
« Ni l'esprit, ni la beauté ne les rendent bons »
"ні дотепність, ні краса не роблять їх хорошими"
« aucun de leurs maris ne les rend heureuses »
"жоден з їхніх чоловіків не робить їх щасливими"
« mais la vertu, la douceur de caractère et la patience »
«але чеснота, лагідність і терпеливість»
"ces choses rendent une femme heureuse"
"ці речі роблять жінку щасливою"
"et la bête a toutes ces qualités précieuses"
"і звір має всі ці цінні якості"
"c'est vrai, je ne ressens pas de tendresse et d'affection pour lui"
«Це правда; я не відчуваю ніжності прихильності до нього»
"mais je trouve que j'éprouve la plus grande gratitude envers lui"
"але я вважаю, що маю йому найбільшу вдячність"
"et j'ai la plus haute estime pour lui"
"і я дуже його поважаю"
"et il est mon meilleur ami"
"і він мій найкращий друг"
« Je ne le rendrai pas malheureux »
«Я не зроблю його нещасним»
« Si j'étais si ingrat, je ne me le pardonnerais jamais »
«Якби я був таким невдячним, я б ніколи собі не пробачив»
Belle a posé sa bague sur la table
красуня поклала перстень на стіл
et elle est retournée au lit
і вона знову лягла спати
à peine était-elle au lit qu'elle s'endormit
Ледве вона була в ліжку, перш ніж заснула
elle s'est réveillée à nouveau le lendemain matin
наступного ранку вона знову прокинулася

et elle était ravie de se retrouver dans le palais de la bête
і вона дуже зраділа, опинившись у палаці звіра
elle a mis une de ses plus belles robes pour lui faire plaisir
вона одягла одну зі своїх найкращих суконь, щоб догодити йому
et elle attendait patiemment le soir
і вона терпляче чекала вечора
enfin l' heure tant souhaitée est arrivée
настала бажана година
L'horloge a sonné neuf heures, mais aucune bête n'est apparue
годинник пробив дев'яту, але звір не з'явився
La belle craignit alors d'avoir été la cause de sa mort
Тоді красуня боялася, що вона стала причиною його смерті
elle a couru en pleurant dans tout le palais
вона бігала з плачем по всьому палацу
après l'avoir cherché partout, elle se souvint de son rêve
після того, як шукала його всюди, вона згадала свій сон
et elle a couru vers le canal dans le jardin
і вона побігла до каналу в саду
là elle a trouvé la pauvre bête étendue
там вона знайшла бідолаху розтягнутою
et elle était sûre de l'avoir tué
і вона була впевнена, що вбила його
elle se jeta sur lui sans aucune crainte
вона без жодного страху кинулася на нього
son cœur battait encore
його серце все ще билося
elle est allée chercher de l'eau au canal
вона набрала води з каналу
et elle versa l'eau sur sa tête
і вона вилила йому воду на голову
la bête ouvrit les yeux et parla à Belle
звір відкрив очі і промовив до красуні
« Tu as oublié ta promesse »

«Ти забув свою обіцянку»
« J'étais tellement navrée de t'avoir perdu »
«Я був так розбитий серцем, що втратив тебе»
« J'ai décidé de me laisser mourir de faim »
«Я вирішив померти себе голодом»
"mais j'ai le bonheur de te revoir une fois de plus"
"але я маю щастя бачити вас ще раз"
"j'ai donc le plaisir de mourir satisfait"
"тому я маю задоволення померти задоволеним"
« Non, chère bête », dit Belle, « tu ne dois pas mourir »
«Ні, звірюко, — сказала красуня, — ти не повинен померти».
« Vis pour être mon mari »
«Живи, щоб бути моїм чоловіком»
"à partir de maintenant je te donne ma main"
"з цього моменту я подаю тобі руку"
"et je jure de n'être que le tien"
"і я клянусь бути тільки твоїм"
« Hélas ! Je pensais n'avoir que de l'amitié pour toi »
«На жаль! Я думав, що маю для тебе тільки дружбу»
« mais la douleur que je ressens maintenant m'en convainc » ;
«але горе, яке я зараз відчуваю, переконує мене»;
"Je ne peux pas vivre sans toi"
«Я не можу жити без тебе»
Belle avait à peine prononcé ces mots lorsqu'elle vit une lumière
ледь красуня сказала ці слова, коли побачила світло
le palais scintillait de lumière
палац виблискував світлом
des feux d'artifice ont illuminé le ciel
небо осяяв феєрверк
et l'air rempli de musique
і повітря наповнене музикою
tout annonçait un grand événement
все сповіщало про якусь велику подію

mais rien ne pouvait retenir son attention
але ніщо не могло привернути її увагу
elle s'est tournée vers sa chère bête
— звернулася вона до свого милого звіра
la bête pour laquelle elle tremblait de peur
звір , за якого вона тремтіла від страху
mais sa surprise fut grande face à ce qu'elle vit !
але її здивування було великим!
la bête avait disparu
звір зник
Au lieu de cela, elle a vu le plus beau prince
натомість вона побачила найпрекраснішого принца
elle avait mis fin au sort
вона поклала край чарам
un sort sous lequel il ressemblait à une bête
чари, під якими він нагадував звіра
ce prince était digne de toute son attention
цей принц був вартий усієї її уваги
mais elle ne pouvait s'empêcher de demander où était la bête
але вона не могла не запитати, де звір
« Vous le voyez à vos pieds », dit le prince
— Бачиш його біля своїх ніг, — сказав князь
« Une méchante fée m'avait condamné »
«Зла фея засудила мене»
« Je devais rester dans cette forme jusqu'à ce qu'une belle princesse accepte de m'épouser »
«Я мав залишатися в такому стані, доки прекрасна принцеса не погодиться вийти за мене заміж»
"la fée a caché ma compréhension"
"фея приховала моє розуміння"
« tu étais le seul assez généreux pour être charmé par la bonté de mon caractère »
"Ти був єдиним достатньо щедрим, щоб бути зачарованим добротою моєї вдачі"
Belle était agréablement surprise
— радісно здивувалася красуня

et elle donna sa main au charmant prince
і подала чарівному принцу руку
ils sont allés ensemble au château
вони разом пішли в замок
et Belle fut ravie de retrouver son père au château
і красуня дуже зраділа, знайшовши свого батька в замку
et toute sa famille était là aussi
і вся її родина також була там
même la belle dame qui lui était apparue dans son rêve était là
навіть прекрасна жінка, яка з'явилася в її сні, була там
"Belle", dit la dame du rêve
«Красуня», - сказала жінка зі сну
« viens et reçois ta récompense »
"приходь і отримай свою винагороду"
« Vous avez préféré la vertu à l'esprit ou à l'apparence »
"ви віддаєте перевагу чесноті над розумом чи зовнішністю"
"et tu mérites quelqu'un chez qui ces qualités sont réunies"
"і ти заслуговуєш на когось, в якому ці якості об'єднані"
"tu vas être une grande reine"
"ти будеш великою королевою"
« J'espère que le trône ne diminuera pas votre vertu »
«Сподіваюся, трон не зменшить вашої чесноти»
puis la fée se tourna vers les deux sœurs
тоді фея звернулася до двох сестер
« J'ai vu à l'intérieur de vos cœurs »
«Я бачив у ваших серцях»
"et je connais toute la méchanceté que contiennent vos cœurs"
"і я знаю всю злобу у ваших серцях"
« Vous deux deviendrez des statues »
"Ви двоє станете статуями"
"mais vous garderez votre esprit"
"але ви збережете свій розум"
« Tu te tiendras aux portes du palais de ta sœur »
«ти будеш стояти біля воріт палацу твоєї сестри»

"Le bonheur de ta sœur sera ta punition"
"Щастя твоєї сестри буде тобі покаранням"
« vous ne pourrez pas revenir à vos anciens états »
"ти не зможеш повернутися в колишні стани"
« à moins que vous n'admettiez tous les deux vos fautes »
"Якщо ви обоє не визнаєте свої провини"
"mais je prévois que vous resterez toujours des statues"
"але я передбачаю, що ви завжди залишатиметеся статуями"
« L'orgueil, la colère, la gourmandise et l'oisiveté sont parfois vaincus »
«Гордість, гнів, ненажерливість і неробство іноді перемагаються»
" mais la conversion des esprits envieux et malveillants sont des miracles "
" але навернення заздрісників і злих розумів - це чудеса"
immédiatement la fée donna un coup de baguette
миттєво фея вдарила паличкою
et en un instant tous ceux qui étaient dans la salle furent transportés
і за мить усіх, хто був у залі, розвезли
ils étaient entrés dans les domaines du prince
вони пішли в княжі володіння
les sujets du prince l'ont reçu avec joie
піддані князя прийняли його з радістю
le prêtre a épousé Belle et la bête
священик одружив красуню і чудовисько
et il a vécu avec elle de nombreuses années
і він прожив з нею багато років
et leur bonheur était complet
і їхнє щастя було повним
parce que leur bonheur était fondé sur la vertu
тому що їхнє щастя було засноване на чесноті

La fin
Кінець
www.tranzlaty.com

www.ingramcontent.com/pod-product-compliance
Lightning Source LLC
Chambersburg PA
CBHW011557070526
44585CB00023B/2636